AF417874

José Luis Martínez

LOS RELATOS DE JUNIOR
El Niño Caballeroso

Los relatos de Junior | El Niño Caballeroso
Autor: José Luis Martínez
Primera edición: Santo Domingo, República Dominicana, julio 2023 ©
ISBN: 978-9945-18-538-6 (Versión impresa)
ISBN: 978-9945-18-537-9 (Versión digital)

Foto de portada: Freepik.es/foto-gratis

Cuidado de Edición: Frank Blanchard Gómez
Diagramación: Amín Toribio Gómez | tedsondanilo@gmail.com
Diseño de portada: Amín Toribio Gómez
Corrección de Estilo: Frank Blanchard Gómez

Dedicatoria

A mi familia, muy especialmente a mi madre Mercedes Vásquez, por el gran soporte que siempre me ha brindado. A mis hijos Mabel y José Luis Martínez quienes me han servido de inspiración y que además colaboraron personal y materialmente con este proyecto.

CAPÍTULO 1

Junior, el primogénito
de Adolfo y Elena

En una ciudad pequeña, algo distante de la capital del país, pero de bellos y hermosos paisajes, incrustada en un valle rodeado por escarpadas montañas y agraciada por un clima templado en gran parte del año -aunque de un calor seco en los días de verano- estaba el poblado de Monserrat. En dicho lugar vivía un pequeño niño de tez trigueña, pelo oscuro, de constitución delgada, pero firme y de carácter amigable, moderadamente introvertido, el cual se diferenciaba de los demás niños, no solo por el color de su piel, sino por algo más, este niño era muy caballeroso.

Los habitantes de Monserrat, a pesar de estar bendecidos por una atmosfera fresca limpia y de gozar de unos de los paisajes más exóticos y atractivos de la región, no siempre resultaban ser personas muy afables. Por tal motivo Junior solía destacar por su modo educado, respetuoso y cordial, virtudes estas que había heredado de sus progenitores. Quienes le conocían decían de él que sus modales suaves y sus buenas maneras en el hablar lo revestían de un aura casi angelical. Poseía una voz algo grave para su edad y una sonrisa carismática y modesta. Sus más íntimos allegados referían que en ocasiones inesperadamente presentaba un humor pícaro e inteligente.

Los padres de Junior se habían conocido cuando ambos vivían en la capital; Adolfo Bustelo, era, sobre todo en su juventud, de complexión más o menos atlética y una estatura algo superior al promedio. Aun y cuando se encontraba dentro de un perfil físico ordinario, su manera educada de manejarse le investía de una serena autoridad que inspiraba respeto. Se caracterizaba por ser introspectivo, amante del silencio y la reflexión. Era poseedor de una amplia cultura y siendo profesor universitario conoció a su mujer Elena Rioja, cuando ésta trabajaba como sub-directora de la Unidad de Atención Primaria del Centro de Salud contiguo al edificio de la Universidad.

Pocos años después de consolidar una estrecha amistad, Adolfo y Elena se comprometieron, para meses luego casarse. Para entonces, él estaba a punto de cumplir los treinta y dos años, ella tenía veintisiete. Elena, aunque igualmente amante de la tranquilidad que su marido, tenía un temperamento más extravertido y le gustaba la actividad social que estuviese encaminada a servir a los demás. Por eso, por su espíritu colaborador fue siempre alguien con más visibilidad en la zona donde residían. Otro aspecto que la distinguía lo constituían sus rasgos. Era bella, pero de una forma exótica. Ojos rasgados, como los orientales, pelo rizado, piel dorada, esbelta, pero de contornos redondeados y estatura media.

Pasado los años y todavía sin poder haber concebido hijo, Adolfo propone a su mujer dejar la capital para mudarse a un lugar más rural y abandonar su puesto como profesor universitario. Elena no objetó el pedido de su marido y para sorpresa de éste estuvo más bien de acuerdo en acceder a la propuesta, ya que ella podía adaptarse y sentirse bien en casi cualquier lugar, siempre que pudiera dedicarse a las actividades de asistencia que tanto le gustaban. El único inconveniente que el traslado traería era que tendrían que conformarse con una vida y unos ingresos más modestos.

La comunidad de Monserrat fue elegida por Adolfo debido a que en sus incursiones y viajes al norte del país siempre le había llamado la atención aquel valle encantador de días soleados y clima moderado, diverso en colores, de prosperidad agraria y una organización vial que la hacía fácilmente accesibilidad desde distintos puntos.

Tiempo después de instalarse en Monserrat, Elena encontró ocupación en una pequeña clínica de la comunidad y Adolfo se dedicó al suministro de insumos para la agricultura.

Cuatro años después de la llega a Monserrat y debido a los inconvenientes de Elena de concebir, la pareja vio el nacimiento del ansiado hijo, al cual pusieron el nombre de su progenitor -Adolfo- pero todos comenzaron a conocerle como Junior.

Desde que Junior era muy pequeño Adolfo y Elena se preocuparon por su educación y por inculcarle valores. Adolfo quien había sido un ávido lector en su juventud y que todavía cultiva ese hábito, introdujo a Junior desde muy temprano en la afición por los libros. Solía inicialmente leerle a su hijo, cuando este todavía no maneja con precisión la lectura, fragmentos de obras como las de Ralph Waldo Emerson, filósofo y poeta estadounidense. También gustaba de leerle novelas y cuentos, por ejemplo, el Robinson Crusoe, del célebre escritor inglés Daniel Defoe, el Mago de Oz de Frank Baum o el Peter Pan de James Matthew Barrie. A estas obras se agregaron Pinocho de Carlo Collodi y el Principito del francés Antoine Saint Exupery. Junior pudo, desde su tierna edad, conocer las aventuras de Juan Salvador Gaviota de Richard Bach, Sherlock Holmes de Arthur Conan Doyle y Alicia en el país de las maravillas de Lewis Carrol, así como otras obras clásicas de la literatura universal, en formato infantil.

Estas lecturas unidas al ejemplo vocacional de su madre por servir al prójimo y su empatía con el necesitado, crearon en Junior un sentido de responsabilidad y aprecio por la conducta correcta algo precoz en él.

Veremos en las siguientes historias como se pone de manifiesto en la conducta de Junior el modelo de educación fomentado por sus padres, al cual Junior respondió de manera natural, tal vez, porque traía impregnado en su esencia la inclinación a la bondad, a la mesura y al conocimiento.

CAPÍTULO 2

Encuentro de un pequeño perro herido y extraviado.

Como ya habíamos mencionado, Junior había sido introducido por sus progenitores en el mundo del conocimiento y la ética.

Un buen día, contaba Junior ya con ocho años, observó cercano a su casa la presencia de un pequeño e indefenso perrito.

El animalito estaba herido y muy hambriento, había sido muy maltratado y golpeado quizás por personas que le vieron andar sin rumbo por las calles.

Junior pudo notar que el perrito estaba perdido, por lo que decidió llevarlo consigo a su casa, darle de comer y curarlo; para luego salir en busca de sus amos y entregarlo, ya que este estaba muy triste.

Al llegar a la casa lo bañó y lavó con agua de sal sus heridas, causadas por aquel maltrato recibido.

Días después, el cachorro lucía muy limpio, radiante y aliviado de sus heridas y aunque acongojado por la falta de su verdadero hogar, comenzaba a adaptarse a su nueva situación.

Al pasar las semanas el canino había alcanzado gran parte de su esplendor y Junior a su vez se preparaba para salir por las calles en busca de sus dueños, tarea que lucía un poco dura, ya que no sabía cómo empezar. Junior muy decidido en ayudar a la criatura decidió ir y cuestionar a algunas de las personas en su barrio; les preguntaba si por casualidad conocían a alguna persona a la cual se le haya extraviado una mascota, haciendo énfasis en las características del animalito.

Esa práctica se hizo constante durante varios días sin arrojar ningún resultado, lo que motivó a Junior a mantener a la mascota hasta poder hallar a sus propietarios.

Luego de tanto esfuerzo en búsqueda infructuosa, le cruzó por la mente quedarse con el animalito y ponerle un nuevo nombre, ya que no sabía el propio. Pensó llamarlo "Lucero" por lo hermoso y reluciente que se veía. Junior se encariño tanto con Lucero que cada tarde después de llegar de la escuela lo sacaba a pasear y el animal parecía estar encantado con el trato de su nuevo amo.

Ya cerca de las cuatro semanas de tener a Lucero, José,

un amiguito de Junior, le visita para ser aleccionado por este último ya que se encontraba atrasado en algunas lecciones de su clase, la cual recibía en un recinto educativo distinto al de Junior.

José era un niño poco disciplinado y no destacaba precisamente por ser un buen estudiante, a pesar de que tenía el potencial para ello. Era tres años más adulto que Junior y al estar en el mismo nivel de éste significaba que tenía posiblemente un curso atrasado para su edad y esto debido en gran medida a su dejadez en los estudios.

José provenía de una familia de ingresos muy modestos en la cual no se alentaba mucho el amor por el estudio. Por otro lado, gozaba en cambio de un físico atlético y bastante atractivo. Era de tez clara, algo tostada por su constante exposición al sol, pelo ondulado y rubio. Ya desde esa temprana edad era evidente de que se percibía como alguien con una elevada autoestima. Se caracterizaba por ser sumamente jocoso y algo irreverente. Inicialmente cuando él y Junior se conocieron tuvieron cierta fricción ya que la conducta extravertida de José contrastaba bastante con el temperamento comedido de Junior. Sin embargo, eso pronto fue superado debido a que José a pesar de la primera impresión que daba tenía un corazón noble y una marcada propensión a enfrentar todo lo que consideraba injusticia. En no pocas ocasiones José protegía a Junior de los agravios de otros chicos que intentaban abusarle aprovechando las insuficientes habilidades de éste para defenderse en un enfrentamiento físico.

Al llegar a la casa de Junior, José fue recibido de una forma inusual por Lucero que mostró una enorme alegría al verlo como si realmente le conociera. Situación que sorprendió a Junior.

Otra cosa no menos impresionante para Junior fue el asombro que mostró José al ver el perro; éste se quedó mirándolo fijamente y finalmente exclamó -¿de dónde sacaste ese perro? Ese perro yo lo conozco, pertenece a Esteban que está muy enfermo desde el momento en que se extravió su mascota y sus padres igual están muy tristes por esa razón ¿Cómo llegó a ti ese animal? ¡Debes devolverlo de inmediato! A esto Junior respondió -sí claro, lo haré en seguida y con más razón por lo que me cuentas; mi deber es ayudar a ese niño. Gracias por decirlo, cuento con tu ayuda para ello; ya había salido por el barrio en busca de sus dueños".

Ambos niños salieron de inmediato acompañados del animalito con el propósito de devolverlo y de llevar alivio al niño enfermo, así como a sus padres.

Cuando Junior y José llegaron a la casa de los padres de Esteban, alguien en la casa le recibió y les dijo que estos no se encontraban allí, ya que debieron llevar a Estaban al hospital debido a que no se sentía bien. Conocida la noticia decidieron llegar al hospital en el entendido de que podían encontrarlos allá.

Como era de suponerse al llegar no se les permitió la entrada por su condición de niños y por cargar con un perro. Éstos acordaron entonces esperar fuera del centro, hasta que uno de los padres saliera y así darle la noticia.

Después de unos minutos que se hicieron eternos por la espera, vieron salir cabizbajo al padre de Esteban. Junior, ante una señal de José, le salió al encuentro dándole la informaron de la aparición del perro. Éste al recibir la noticia y ver al perrito cambió el semblante y lleno de alegría volvió al interior del hospital para enterar a su esposa madre y ver como esta buena nueva llegaba a su hijo enfermo.

Junior y Esteban esperaron tranquilos y satisfechos fuera del centro de salud, mientras el padre daba la noticia a su familia. La señora madre de Esteban al escuchar a su marido lanzó un grito de felicidad. Al volver a sus cabales pidió perdón a todos por su conducta y de inmediato salió fuera del hospital para comprobar por sí misma ese acontecimiento el cual devolvería la alegría a su familia.

Además de agradecerles con toda el alma tanto a Junior como a José, al cual ya conocían, les abrazo e invito a que ambos pasaran al interior del centro de salud para que juntos dieran la sorpresa al pequeño paciente, mientras el perro aguardó fuera con el padre quien pidió que así lo hicieran.

Cuando Esteban supo que su querida mascota había aparecido se levantó de su lecho de enfermo, acto que sorprendió a todos en la sala, y corrió hasta el exterior del hospital donde esperaba su padre en compañía de su mascota.

Esto motivó que algunas personas del ambiente en el hospital hicieran comentarios de alegría; todos lucían felices y sorprendidos por la inesperada recuperación de Esteban quien como por arte de magia, recobró en un instante toda su salud y vitalidad.

Los padres de este joven no hallaban de qué manera pagarle a Junior que por su entrega y cuidado desinteresado hacia el perrito.

La señora le pidió a Junior que por favor los visitara, porque lo que hizo por ellos jamás será olvidado. Junior hizo la promesa de que así lo haría.

La madre de Esteban en un gesto de gratitud quiso darle un premio en dinero a Junior y a José por su buena acción y por haber mantenido al perrito alimentado y en salud durante esas semanas, cosa esta a la que José se apresto a aceptar de buena gana, pero la mirada penetrante y escudriñadora de Junior lo disuadió de su intensión. Junior de manera muy amable rechazo el ofrecimiento de la dama. Abrazó a Estaban "su nuevo amiguito" y con los ojos humedecidos se despidió del perro. A lo que esteban respondió, -el perro es de ambos, gracias a ti lo tengo de vuelta y gracias también a ello estoy sano.

Junior y José se despidieron mientras la madre de Esteban secaba de su rostro lágrimas de felicidad.

CAPÍTULO 3

Junior es acusado de robarle los útiles a un compañerito de la escuela

Los años pasaban con prontitud y Junior iba creciendo en edad y conocimiento, pero igual en responsabilidad y empatía. Ya para sus diez años mostraba una conducta ejemplar en su escuela.

La Escuela Faro de Alejandría, nombre del centro educativo al que Junior asistía, contaba con dos tandas de enseñanza. En el horario matutino acogía a los chicos de educación básica e intermedia y en la tanda vespertina a quienes cursaban los estudios secundarios. Junior, desde luego, iba al turno de la mañana.

La directora del centro de estudio había entablado una relación de amistad muy estrecha con los padres de Junior desde antes de que éste naciera. Se la conocía por el nombre de María de los Ángeles. Era para entonces una mujer relativamente joven, de aspecto bien cuidado y de unos 43 años. Vestía siempre de manera formal y con colores neutros – gris, marrón, azul- sin estampados. Era de carácter afable, pero firme e inspiraba respeto cuando hablaba. En Monserrat se había ganado la estima de gran parte de la comunidad y se le tenía como un referente de lo que debía ser una educadora.

Tanto la directora, como los maestros, empleados y otros miembros del plantel llevaban una muy buena impresión de Junior. Sus calificaciones eran siempre elevadas en cada una de las materias, llegando generalmente al nivel de sobresaliente. Cabe señalar que Junior, años atrás, al ser evaluado, había sido promovido a un curso más adelantado, en virtud de que su desempeño así lo ameritaba. Por esta razón sus compañeros de clase siempre fueron algo mayor que él en uno, dos o tres años.

En una ocasión a Junior se le acusó de haber tomado deliberadamente libros y útiles escolares a un compañero de un aula cercana a la suya, atestiguándose que durante el recreo se le había visto sustrayendo los materiales en cuestión.

Esto causó un gran revuelo entre sus compañeros y educadores; quienes conocían muy bien la conducta modelo de Junior.

Todos estaban muy sorprendidos con lo ocurrido; el hecho fue tildado de insólito, ya que Junior era uno de los jóvenes ejemplo que tenía la escuela. Junior, junto a otros chicos del plantel, era considerado el prototipo del estudiante ideal.

Pero de igual manera, tendría que investigarse y aclararse el hecho. Quien realizaba la acusación no era alguien cualquiera, sino otro estudiante destacado en calificaciones y por lo tanto resultaba difícil dudar de su señalamiento.

Para poner algo en contexto la situación, días atrás Junior había sido seleccionado en su curso por su maestra para participar en una competencia de matemática frente a otros dos alumnos igualmente brillantes de grado similar pero de distintas aulas del plantel. Estos dos chicos eran reconocidos como estudiantes destacados y ya en otros eventos pasados uno de ellos -Rene- había obtenido resultados muy estimables. Los profesores e incluso la directora del plantel tenían una muy buena apreciación sobre los dos jóvenes que competirían con Junior. Quizás sus conductas no eran tan ejemplares como la de este, pero sin duda alguna gozaban del aprecio general por ser académicamente muy meritorios.

Llegado el día de la competencia el desempeño de los tres jóvenes, que incluía a Junior, fue inicialmente el esperado: esplendido. Las pruebas median la rapidez y a la vez también la exactitud. A pesar de todo su esfuerzo Junior, quien para él era su primera competición, había dilatado algunos minutos más en la prueba que los dos jóvenes que igual competían, quedado en segundo lugar, ya que habiendo concluido los problemas de manera precisa, no obstante, tardo diecisiete segundos más que Rene, el joven ganador del primer lugar y nueve segundos más que el concursante que obtuvo el tercer puesto. Sin embargo, llegó a superar a este último ya que el chico cometido un error en los cálculos que le afecto el resultado final.

Rene cuyo puesto fue el primer lugar se ufanaba de ser mejor y más inteligente que sus otros compañeros de concurso. Su fanfarronería podía ser entendible si se conocen algunas cosas que había logra con anterioridad. Por ejemplo, Rene, que para entonces contaba con 12 años, había estado apareciendo en el cuadro de honor de la institución por más de dos años consecutivos y el pasado año escolar obtuvo un reconocimiento con el segundo puesto como el estudiante con más alta calificaciones de todo el plantel, de la tanda de la matutina, recibiendo la máxima condecoración que otorgaba la escuela a la excelencia académica: "La Acrópolis de Plata". No obstante, la arrogancia de René, Junior se tomó las provocaciones de éste de manera ecuánime y se mostraba satisfecho con su segundo lugar. Dado que él igual había aparecido también en el cuadro de honor de la escuela durante varios años, a pesar de no haber logrado aún el galardón a la excelencia. El joven del tercer puesto, en cambio, parecía no conforme con el desempeño que había logrado.

No obstante, el resultado preliminar, el resultado final sorprendió a todos y auguraba que a pesar de que Junior no fue el más rápido las cosas estaban por volcarse a su favor. Resulta que Rene que había inicialmente quedado en primer lugar hubo de ser descalificado del puesto ese mismo día por encontrarse evidencias de haber hecho trampa en las pruebas. Esto ocasionó que se le asignara a Junior el primer lugar. De modo que esto conmocionó a los compañeros de aula de Rene que se sintieron despojado de su galardón.

Resulta, precisamente, que pocos días después del certamen de matemática Rene, el chico que había sido invalidado por fraude, es quien realiza la acusación a Junior de haberle sustraído libros y demás útiles, haciéndose acompañar de dos compañeros más como testigos.

La directora, María de los Ángeles, convocó a los estudiantes para que dieran su versión de los hechos. Quienes acusaban a Junior narraron que vieron a este entrar al aula en momentos de recreo y sustraer los objetos antes mencionados y escabullirse de manera discreta. Estos tres estudiantes mantuvieron el mismo relato. Al ser interrogado Junior, este desmiente la acusación y dice ser inocente, no obstante, algunos de los útiles sustraídos encontrarse en el asiento que Junior ocupa en su aula.

Ante quienes lo señalan y mostraban la evidencia del robo, la directora, con sumo pesar, no encuentra como absolver a Junior, ya que cree en su inocencia, pero la evidencia y quienes lo inculpan están asegurando lo ocurrido. En tal sentido y para llevar a cabo la amonestación correspondiente convoca para el día siguiente a los padres de Junior para tomar la medida de rigor y convoca además a los padres de los otros jóvenes que acusan a Junior para que delante de estos atestigüen nueva vez sobre lo sucedido.

La noticia sobre el supuesto hurto de Junior llega como un balde de agua helada a la casa de los Bustelo-Rioja. Su pequeño que siempre estuvo tan bien valorado y tomado en consideración ahora atraviesa por una incriminación de robo a todas luces injustificada. Ellos, desde luego, creen en la inocencia de su hijo, ya que Junior le aseguro que no solo no había cometido el hecho, sino no que nunca eso ha cruzado por su mente.

Esa noche y madrugada se les hizo eterna a Adolfo y a Elena y al propio Junior, pero finalmente amaneció. Llegada la hora acordada los padres de Junior junto a este esperan fuera del despacho de la directora, sentados próximo a los demás padres de los tres muchachos. Un silencio que permite escuchar solo la profundidad de la respiración de cada persona comprometida en la situación reina en el ambiente. Finalmente son invitados a pasar a la oficina de María de los Ángeles. Los padres de Junior intentan inicialmente hablar y defender a su vástago, pero son invitados a permanecer en silencio. La directora se prepara para inquirir de nuevo en el interrogatorio de los jóvenes acusadores.

Resulta que la tarde del día anterior uno de los maestros del plantel escucha por casualidad la conversación de dos de los implicados en la querella contra Junior, donde uno de ellos dice sentirse arrepentido de haber denunciado de manera impropia a Junior sobre algo que no cometió, mientras el otro le respondía que ya tenían que seguir con la falsa, porque de otra manera la sanción entonces seria para ellos. El profesor en cuestión lo había comunicado a María de los Ángeles ese mismo día, quien con la información obtenida sabía ya que podía hacer.

La directora María de los Ángeles mirando fijamente a Rene que se hacía acompañar por sus padres pregunta -¿mantienes el señalamiento de que Junior sustrajo de tu asiento libros y útiles? Este respondió con presteza de forma afirmativa y enfática -si, lo sostengo, así fue. Acto seguido María de los Ángeles se dirige a los otros dos chicos preguntándoles si realmente vieron a Junior apropiarse de los útiles del compañero, a lo que estos respondieron una vez más que sí. Entonces, la directora les cuestiona: --¿por qué no aprovecharon ese mismo momento para detenerlo e impedirle que se los llevara a su curso, en vez de dejarlo cometer el hurto? Los chicos inicialmente no encontraron que decir, a lo que María de los Ángeles agrego: -¿no será que todo ello es incierto y que fueron ustedes quienes en combinación con Rene -el acusador principal- colocaron los útiles por ustedes mismos sustraídos en el asiento de Junior aprovechando que este se encontraba en momentos de recreo?

Los padres de estos chicos intervinieron y defendiendo a sus hijos reclamaron que la directora los estaba intimidando para que se inculparan ellos. El desorden se apodero por momento de la oficina y la directora y algunos maestros presentes llamaban al orden. Retomado el silencio la directo invito a que el maestro que le había comunicado el dialogo que escucho lo relatara de nuevo, pero ahora frente a todos. Cuando los dos jóvenes escucharon esto de parte del profesor y se les pregunto si había sido o no cierto, uno de ellos negó con la cabeza, mientras que el otro mirando hacia el piso confesó que sí, que todo era cierto. Que todo había sido un plan de Rene, debido a que le habían descalificado en la competencia de matemáticas por fraude, dándole a Junior el primer lugar y que deseaba vengarse por él haber recibido el primer lugar".

Viéndose delatado, Rene finalmente acepto y confeso

su acción indebida, pero negando que el haya llevado los útiles al asiento de Junior, diciendo que esto había sido obra de sus dos cómplices.

El semblante de los padres de Junior se iluminó de una manera extraña, ya que regocijados por la aclaración de que su hijo no había fallado ni cometido ningún acto indelicado, estaban, no obstante, compungidos al saber que estos jóvenes llegaran a acciones tales solo motivados por la venganza.

De esta manera se había esclarecido el caso. En virtud de que los padres de todos los chicos involucrados estaban presentes, la directora les comunicó la suspensión tanto de Rene como de quienes le habían ayudado apoyándole en un acto tan deleznable.

Adolfo y Elena contemplaban la conmoción de los padres de los otros chicos, los cuales pedían disculpa en nombre de sus hijos y rogaban que no fueran expulsados del plantel. La directora algo desconcertada, pero igual satisfecha de saber que Junior era totalmente inocente de lo que se le atribuía reitero que era de lugar la sensación y expulsión ya que hechos de esa naturaleza no se deben permitir bajo su dirección, sobre todo, por el mensaje de permisividad que esto puede mandarse a la comunidad y a los demás estudiantes.

Los padres de Junior intervinieron en favor de los demás

padres para que María de los Ángeles reconsiderada su decisión permitiendo que todos ellos pudieran, después de haber confesado el agravio, continuar en el recinto. La directora miro a Junior como buscando una inspiración en este y precisamente, Junior pidió que por favor no fueran expulsados sus compañeros debido a que "toda persona, según dijo, merece una segunda oportunidad".

El veredicto final de la directora fue que se guardaría para más luego dar su última palabra sobre la expulsión de los jóvenes del plantel escolar, pero que como media inmediata todos los jóvenes que acusaron a Junior de hurto por el momento estaban suspendidos hasta nuevo aviso.

CAPÍTULO 4

Junior logra la armonía entre David y su abuela Aura

Era una linda mañana de un claro y hermoso domingo de verano. La temperatura invita a salir y estar próximo a los árboles, a la naturaleza. Si bien el calor no era sofocante, era uno de esos días en que la temperatura al pasar las horas llegaría a su punto más alto en la época estival.

Junior que para entonces contaba con 11 años, decidió visitar a David, uno de sus mejores amigos y compañero de la escuela, aprovechando la temporada de vacación escolar.

David era un año mayor que Junior y como una de las cosas que más disfrutaba era comer, esto lo había llevado a tener unas libras de más y su complexión lo hacía parecer de más edad de la que realmente tenía. Era de piel muy clara, como su madre y, además, había heredado los ojos verdes de ésta, aunque en una gradación más tenue. Si bien en la escuela tenía un buen comportamiento, en su casa lo veían como alguien desafiante a las normas del hogar.

Su familia gozaba de una muy buena posición económica, así que vivía en una casa muy confortable y hermosa, de esas bastante amplias, con espacioso jardín, columpios en el patio y hasta una pequeña piscina. Su padre, algo mayor para entonces, había procreado hijos de una relación anterior, pero había vuelto a casarse con una mujer varios años más joven que él. De esa unión había nacido David y al momento era hijo único, como Junior en su familia. Aunque no era un chico que le faltase comodidades, no recibía el necesario afecto y atención de parte de sus progenitores, los cuales se ausentaban mucho de Monserrat por sus constantes viaje a la capital y al extranjero. En tal sentido, David pasa mucho tiempo con su abuela con la cual ocasionalmente protagonizaba algunas broncas.

Al aproximarse Junior a la casa de David, y para su asombro, escucho desde fuera a su compañerito enfrascado en una acalorada discusión con su abuela. Ambos personajes, nieto y abuela, se reñían con voz altisonante. La abuela demandaba respecto, pero David no cuidaba el tono de su reclamo y respondía con encono a las suplicas de la anciana mujer.

En ese momento Junior se encontró entre la espada y la pared, sin saber qué hacer. Aprovechando que la puerta que daba al jardín y a la entrada de la casa estaban entre abiertas y con el propósito de calmar la situación, astutamente interrumpió pidiendo disculpa por su presencia y señalando que el motivo de la misma era para invitar a David a un paseo por el prado para comunicarle algo muy importante.

La abuela de David, doña Aura, modificó de su semblante de inmediato, mostrando una sonrisa de aprobación. -Si, dijo, vayan a dar un paseo mi adorado Junior. Este malcriado debe compartir más a menudo contigo para ver cómo cambia, a lo que Junior respondió: -con su permiso amable señora. Muchas gracias, es usted muy amable.

Acto seguido, ambos muchachos salieron del lugar donde tuvo origen la disputa, se dirigieron a una zona arbolada, de grama verde y tupida contigua a un aserradero medio abandonado. Se detuvieron a unos metros de un pequeño lago lleno de musgo que era hábitat unos peses insignificantes en su tamaño para ser pescados y degustados.

Luego de un incómodo silencio que se extendió por varios minutos, en los cuales Junior, en sus adentro, pensaba haber sido testigo de una situación que lo había dejado consternado, ya que nunca antes había presenciado algo igual. De todas formas, él pensó que podía ayudar, por lo menos trataría de hacer variar la conducta de su amigo, pues con la señora no sería una tarea fácil, pues doña Aura se formó muchísimos años atrás y cambiar su comportamiento de la noche a la mañana sería más que difícil.

Junior preguntó a David lo que había pasado. Este no puedo dar con precisión una explicación creíble del porqué de la discusión con su abuela. En definitiva dijo que ella lo controla en todo lo que él desea hacer. Junior entonces inicio el dialogo de la siguiente manera: -en mis años de vida he visto que son nuestros padres y familiares mayores los que nos guían, nos enseñan, nos educan y nos dan los mayores ejemplos con su conducta. Debemos vernos en el espejo de ellos; por ello, y otras razones, debemos respetarlos, aun y cuando no estemos totalmente de acuerdo con su forma de ser. Si en algo no estamos de acuerdo, debemos decírselo con cortesía y consideración.

Junior compartió algunos pareceres de lo que sus padres le habían enseñado con David para cuando este volviera a su hogar. Y reconoció que no siempre los mayores actúan de la mejor manera, pero que siempre y cuando no abusen de nosotros, no debemos responderle de manera tan airada e irrespectuosa. Igual le sugirió que le diera un abrazo a su abuela y le pidiera perdón por lo ocurrido, sin importar, en esta ocasión, quien tuviera o no la razón.

Su compañerito expresó lo siguiente: -lo que me pides que haga no es fácil para mí, pero por venir de ti, lo haré; me gustaría tener esa bondad y sabiduría que tú tienes. Valoro enormemente tu amistad.

Junior continuó con la siguiente advertencia: -A tu abuela debes verla como una autoridad; quien por su condición de persona mayor merece de ti obediencia. Con esto quiero decirte no debes volver a enfrentarla por la posición de ella en la familia, no importa si tienes la razón o no. Siempre saca lo bueno de todo y lo malo debes aislarlo de ti. Reitero, siempre que ello no represente una situación de abuso, en cuyo caso debes de impedirlo, pero siempre del modo más correcto posible. Si actúas siguiendo esa norma no encontraras tropiezos, o serán muy pocos los que tengas en tu familia y te verán como alguien bueno; como te vemos nosotros en la escuela.

Las horas habían pasado, casi sin percatarse, en sus diálogos y el sol brillaba majestuoso en el cenit generando con sus rayos irreverentes el aumento de unos grados más en el termómetro. Junior una vez más toma la palabra y agrega: -luego de que hayas hecho todo lo que hemos hablado, te invitaré a mi casa para que mis padres te conozcan algo más, además, de ofrecerte que pases unos días con nosotros. Claro, primero debes tratarlo con tus padres si están de acuerdo, incluyendo a tu abuela, para que ella entienda que la tomas en cuenta.

Si en tú familia da la aprobación, dalo por hecho, pero como ya acordamos, debes cumplir con lo pactado.

Después de despedirse ambos, David llegó a su casa, se acercó a su abuela que en ese momento estaba en la cocina, le pide perdón, la abrazó y prometió que lo que paso entre ellos jamás volverá a suceder. Este empezó a llorar, la abuela también lo abrazo fuerte y aseguró que lo pensará muchas veces antes de volver a ofender o acusar a su adorado nieto.

Luego de estos hermosos acontecimientos, David se comunica con Junior y le cuenta todo lo ocurrido entre él y su abuela.

La emoción que siente David casi no le permitía expresar con palabras lo acontecido. Pero daba gracias a Dios por todo, y por permitir que Junior apareciera, para de esa manera poder arreglar una situación que se venía dando desde hacía mucho tiempo.

Al cabo de unos días Junior llevó a David como había prometido a su casa para que sus padres compartieran con él. Estos estuvieron satisfechos con la conducta de David y le hicieron la invitación de que pasara unos días en su casa compartiendo con Junior. Sin embargo, aclararon que esto solo si, sus padres igual lo aprobaban.

El padre y la madre de David se encontraban fuera de Monserrat y no llegaban hasta varias semanas luego, por lo que David tuvo que comunicarle su propuesta de pasar unos días en casa de Junior vía telefónica. Al hablar primero con su padre este desestimó el pedido del chico, pero le dijo que hablara con su madre a ver que pensaba esta al respecto.

La madre igual no mostro disposición alguna para el permiso, alegando que David nunca antes había pasado días en casa de algún amigo.

David entonces recurrió a su abuela, ya que la relación de estos había mejorado significativamente, para que hablara con sus padres. Doña Aura era la madre de la mama de David y se comunicó con ella reprochándole su negativa y diciendo: -David no ha dormido antes en la casa de un amiguito porque nunca antes le habían invitado. Además, no es cualquier amigo, es Junior el hijo de los Bustelo-Rioja, una familia respetada por todos en la comunidad. Si conocieran a Junior sabrían de su conducta modelo, misma que ha influenciado a mi nieto de manera positiva después de estarse juntando con él. Ustedes que por demás muy pocas veces paran en la casa, deberían conocer las personas con la que su hijo se relaciona. Si ustedes no lo consienten, entonces yo quien soy la que más tiempo pasa con David le daré el permiso a pesar de su negativa.

Ante la postura de la abuela, tanto la madre como el padre de David aceptaron dialogar con los padres de Junior sobre la posibilidad de que su hijo pasara ahora en vacaciones unos días en su casa.

Obtenido el permiso y hecho ya la comunicación entre los padres de ambos chicos, fue acordada la fecha y los días. Tanto Junior como David estaban muy felices por ello. Para ellos esto llenaba un espacio afectivo ya que ninguno de los chicos tenía otro hermano con quien compartir.

Durante los seis días que duro David en casa de Junior, múltiples cosas y actividades realizaron juntos. Juegos físicos, juegos de mesa, salidas a los arroyos, la ladera de las montañas, al parque, al encuentro con otros amiguitos, en fin, actividades propias de niños en época de verano.

Terminada la estadía de David en la casa de Junior éste a su vez le hace una formal invitación a Junior para que pase unos días en su casa y compartan más días de entretenimiento. Invitación que como era de lugar Junior y sus padres aceptarían de muy buenas gana. Así ellos pasarían más tiempo junto, ya que más que amigos se llevaban ahora como hermanos.

CAPÍTULO 5

Junior y sus amigos
van a jugar baloncesto

Un nuevo año se había iniciado y Junior y sus compañeros de clase comienzan a ser entrenados por el profesor de educación física en el deporte que ya era del gusto de todos ellos, el baloncesto. Esto generó que muchos jóvenes comenzaran a juntarse en horas de la tarde para juntos asistir a la cancha a jugar. Junior que prefería otras opciones que no involucraran tanta actividad física, en ocasiones acordaba encontrarse con Marcos al cual le unía una amistad muy estrecha, además, de que compartían cosas en común, una de ellas, su afición por la lectura.

Marcos era dos años mayor que Junior y ligeramente algo más alto que éste. Desde pequeño le apasionaba nadar en charcas y ríos y la actividad física. Tenía el pelo crespo, pero muy bien cuidado y usaba anteojos. Llevaba un curso por encima a Junior, además, estudiaba en otro centro educativo distinto al que asistía su amigo. Era también un joven muy aplicado en los estudios y, como a Junior, sus maestros tenían una muy buena apreciación sobre él y su desempeño. Le gustaba escribir y en ocasiones componía breves poemas y sonetos, gustándole además componer canciones. Poseía una personalidad interesante ya que a su natural pasión por el ejercicio físico se le sumaba una inclinación casi mística por el silencio, la naturaleza y la contemplación. Características estas que Junior valoraba sobremanera y, en parte, le hacía sentir esa compenetración espiritual con su entrañable amigo.

El abuelo de Marcos, don Serafín, había sido un próspero comerciante ganadero, hoy retirado, que durante su juventud había trabajado con unos acaudalados empresarios extranjeros y gracias al vínculo con los hijos de estos había adquirido, poco a poco, el gusto por la filosofía. No siendo un hombre de academia y más bien de estudio escolar limitado, don Serafín se vio atraído por los diálogos que escuchaba de sus amigos de juventud y pidió ser introducido en ese mágico mundo de los pensadores clásicos. Así fue como conocido las obras de Parménides, Platón, Aristóteles, Epicuro, Plotino, Marco Aurelio, Séneca, San Agustín, Averroes, Santo Tomas, descartes, entre otros.

En su casa don Serafín disponía de un espacio, especie de biblioteca, donde de manera desorganizada se encontraban libros de los filósofos mencionados y otros sobre arte, literatura y ciencia. Don Serafín intento de muchas maneras inculcar el amor por la filosofía a sus hijos, pero estos no respondieron gustosamente al pedido reiterado del patriarca. Sin embargo, encontró en Marcos, su tercer nieto, el terreno donde cultivar el interés por la lectura. Marcos respondió siempre muy positivamente a la convocatoria del abuelo.

Adolfo, el padre de Junior, conocedor de las condiciones de don Serafín y de Marcos, siempre alentó a su hijo al cultivo de una amistad con este. Ambos niños, entonces, gustaban reunirse y conversar sobre lo que leían. Había un claro indicio de que Marcos era más versado que Junior en temas de filosofía y, no obstante, Junior le aventaja en lo concerniente a temas de literatura universal. Pero esta diferencia más que distanciarle, les unía más en su interés en compartir lo que cada uno sabía.

Como habíamos dicho, Junior y sus compañeros de aula estaban siendo entrenados en el juego del baloncestos por el profesor de educación física de su escuela, deporte para el cual Junior no disponía de las mejores condiciones.

Una tarde en la que Junior y Marcos compartían sus acostumbrados encuentros, se topan por casualidad con algunos amigos que se disponían a ir a la cancha para practicar baloncesto. Estos convidan a Junior y a Marcos para que los acompañaran, invitación que fue aceptada por ambos.

La cancha situada a varias cuadras, unos 600 metros del lugar donde se encontraban, era un espacio de encuentro de chicos de distintas edades, ubicado dentro de las instalaciones del club deportivo del poblado de Monserrat, en aquel momento techado, que permitía la práctica del baloncesto aun en épocas de lluvias y que protegía a los muchachos de la inclemencia del sol, sobre todo, en los días de verano.

Para llegar a la cancha se tenía que cruzar, de manera opcional, un pequeño puente colgante, que permitía que el recorrido fuese más cercano, pero que, además, regalaba a la vista un espléndido entorno natural de coloridos paisajes.

La limpieza de los caminos apenas se veía marginada por escasos elementos de desperdicios en uno que otro lugar. Los chicos bromeaban y comentaban sobre cosas que observaban a su paso. Entonces aconteció lo siguiente. Unos metros antes de la cancha, algunos de los chicos deciden tomarse algo que le refresque, deteniéndose frente a un kiosco ambulante de expendio de jugos. Otros se unen a ellos y optan por gaseosas. Pero al tomarlo de manera apresurada uno de ellos lanza su vaso en la acera y otros caminando lo dejan caer en la alcantarilla.

Mientras esto sucede Junior y Marcos caminan hasta un contenedor de basura a depositar los vasos plásticos. Al retornar donde sus amigos Junior, de buena manera, pero algo desconcertado les cuestiona y les pregunta -¿por qué dejaron los vasos y servilletas tirados en la calle? ¿No saben que ello crea un serio problema de acumulación de desechos en nuestra hermosa comunidad? Dos de los amiguitos al escuchar esto dicen a los otros –"no le hagan caso a Junior, siempre habla de cosas que no le incumben, queriendo demostrar que él es más educado que los demás. Vinimos a jugar, no a las enseñanzas de éste".

A pesar de tales comentarios otros niños si prestaron atención a lo que decía Junior. Éste, les pidió excusas por lo que pudo ocasionar en ellos su reacción. Sin embargo, le explica que su indignación viene porque los estima y además porque esa acción nos afecta a todos.

-Aunque ustedes, mis queridos amigos, no lo crean -continuo Junior- no me extrañé de lo ocurrido; sencillamente me dolió, que fueran ustedes, mis amigos quienes lo hicieran. En verdad no me sorprende, porque a diario en los espacios público se ven personas incurriendo en esa mala práctica.

Esta vez al tocarme tan de cerca no pude quedarme callado, puesto que si no dijera nada estaría yo siendo cómplice de esa inadecuada acción, tan solo con mi silencio.

Junior prosiguió: -Las consecuencias de lanzar vasos plásticos y otros desperdicios a las calles no solo dañan nuestro ambiente, que es de todos, igual afecta a todo el planeta.

-Lo primero es que, al llegar estos deshechos plásticos a las alcantarillas, las tapan y cuando llueve el agua se estanca y queda apozada sobre ellas, luego esta agua se descompone y producen diversas bacterias y gérmenes, las cuales podrían afectar nuestra salud, la de nuestras familias y demás.

Estos desperdicios son tan fuertes que para que se descompongan deben pasar muchos años, cientos en ocasiones".

Junior, al ver que había concitado la atención de la mayoría prosiguió: -la solución es tan simple; sencillamente cuando usemos un vaso, plato, cuchara o cualquier instrumento desechable, busquemos un zafacón y si no lo encontramos en el lugar, caminemos hasta donde haya uno y depositémoslo en el recipiente por el bien de todos".

Si tomamos una funda plástica y recogemos todas esas botellas y deshechos plásticos, entre otros envases, podemos incluso reciclarlos. O sea, reconvertirlos en algo útil.

Uno de los amigos que había estado muy atento a las palabras de Junior dijo lo siguiente: -si tuviéramos en el rio sería distinto, podemos lanzarlos al agua y de esta manera no se taparían las alcantarillas, las calles estarían libres de estos desperdicios. Pero Junior respondió de inmediato: -no, claro que no, esa no sería ninguna solución, por el contrario, también los ríos y lagos forman parte esenciales de nuestro planeta y los debemos proteger de igual forma. Todos los ríos confluyen al mar y en el mar habitan diferentes especies de animales que también deben vivir. Los desechos contaminan el hábitat de la vida marítima, esto hace que incluso hoy se vea que hay especies que están en peligro de extinción debido a que se ha alterado su medioambiente y con ello su alimentación. Todo esto como consecuencia de esa malas acciones y desconocimiento".

Junior prosiguió con su disertación: -claro que no es la única razón. Otro motivo es que en la mayoría de los casos los pescadores están realizando pesca de manera indiscriminada y ello altera el ecosistema. Quiero que sepan que si la mayor parte de estos animales mueren y desaparecen también nosotros nos veremos afectado a largo plazo.

Las palabras de Junior generaron algo de incertidumbre entre sus compañeros. Cuando Marcos quien se encontraba alejado se aproxima a Junior, toma la palabra y relata lo siguiente: -quiero contarles que el domingo pasado me encontraba en los alrededores de nuestro parque central en compañía de mi padre, en horas de la mañana. Allí pude notar algo que realmente me sorprendió mucho. Un empleado del ayuntamiento cuya responsabilidad es recoger la basura, la que la gente deja caer en las calles y aceras o deja en los asientos del parque, al barrer el contén empujaba los desechos y desperdicios, dígase botellas plásticas, vasos desechables, entre otros, hacia una alcantarilla rota. Yo quedé algo desconcertado por esta acción ya que se supone que quienes hacen dicho trabajo deben tener una mayor conciencia del daño que ocasiona el cumulo de basura en las alcantarillas. Pero la indignación inicial se transformó en alegría cuando observé que precisamente otro empleado de la brigada le llamó la atención indicándole lo inadecuado de su proceder.

Acto seguido, la basura fue depositada en fundas para ser recorrida más tarde por el camión.

Después de escuchar a Marcos, Junior retoma la palabra nueva vez: -Ese no es el patrón que debemos seguir, puesto que evidentemente es un mal ejemplo, según contó Marcos quien fue testigo del hecho. Solo esa persona incurrió en algo así, los demás que también realizaban esa labor cumplían al pie de la letra con su trabajo. Casos aislados como ese deben no ser imitados. Esta persona debe ser educada para que pueda seguir en el servicio; pero para no pecar de injustos, debe tomarse en consideración de que el empleado en cuestión quizás estaba pasando una situación difícil, que le hace actuar de esa manera y si se le instruye y se le ayuda, podrá ser luego un ejemplar ciudadano de nuestra comunidad.

El debate se extendió por un buen tiempo, debido a que otros niños tomaron la palabra. Unos para bromeaban y fastidiar y otros para decir su parecer de modo más responsable. Finalmente luego de tantos debates, "discusiones" y mucho aprendizaje, se dieron cuenta de que se les hizo tarde para jugar baloncesto en la cancha, pero todos y cada uno llevaban consigo un mayor conocimiento y, sobre todo, la conciencia de que hay que tener cuidado con el medioambiente.

Hablaron de encontrarse de nuevo para formar un comité juvenil que coopere con la limpieza de su sector y acordaron que convocarían a otros amigos para emprender una jornada de limpieza y concienciar a todos los que pudieran.

CAPÍTULO **6**

Reinante algarabía, por el cumpleaños de Junior

El calendario hubo dado una vuelta más y ya finalizando la primavera se acercaba una fecha que para los padres de Junior era muy especial ya que su querido hijo cumpliría los doce años. En el último meses atrás las inusuales y fuertes lluvias habían provocado algunos inconvenientes, pérdidas económicas y merma de algunos sembradíos en la región debido a las inundaciones.

No obstante, para mediado de marzo parecía que el diluvio de los días pasado había llegado a su fin.

Era conocido por Junior, y algunas personas en el sector, que a Adolfo los dos últimos años no le había ido del todo bien en los negocios y que cierta incertidumbre creaba agobio en la familia Bustelo-Rioja debido a la escasez de recursos económicos.

A pesar de todo ello, Adolfo y Elena le habían prometido a Junior celebrar su cumpleaños en grande cuando llegara a esa edad, ya que con ella se iniciaba la pubertad y una nueva etapa del desarrollo vital de su querido vástago. Así que la fiesta había sido una ilusión durante años y la promesa se cumpliría para su hijo que nunca les pedía nada.

Sus padres tal y como es de esperarse muy contentos y orgullosos del tipo de hijo que tienen, desde meses atrás venían realizando los preparativos de lugar para dicha festividad.

Ya reservado el lugar –un salón del club deportivo de Monserrat- el evento se llevaría a todo lo alto. Se encargaron las invitaciones, las mesas, silla, el equipo de sonido, el bizcocho, la piñata, los globos, entre otros elementos indispensables para la celebración.

Junior había deseado desde hacía tiempo tener una Laptop ya que le gustaba investigar y leer en el internet. Sus padres que sabían de su deseo, en esta ocasión se les iba hacer cuesta arriba la adquisición del computador debido a su situación económica.

Pero Junior muy consciente de la situación les pidió encarecidamente a sus padres que no hicieran más esfuerzo de lo que ya habían estado haciendo durante años para complacerlo. Les dijo: -no se sientan mal por no poder obsequiarme el computador en esta ocasión; durante toda mi vida ustedes no han escatimado esfuerzo para alegrarme, olvidándose a veces de ustedes. Para mí el regalo más grande que tengo son ustedes, mis padres.

Los padres preparaban el evento y tuvieron la ayuda algunos parientes que fueron invitados desde lejos, así como de vecinos y amigos de Junior que lo admiraban.

¡Por fin llega "El gran día!.
Los padres de Junior convinieron con un grupo musical que amenizara el cumpleaños.

Empiezan a llegar familiares, tíos, primos, diferentes amiguitos, vecinos y otros compañeros invitados. Se observa que casi todos traen consigo regalos. Todos lucen felices y contentos por lo hermoso y colorido que luce el lugar.

Al dar inicio a la festividad Adolfo da unas palabras de bienvenida y agradecimiento a todos los invitados, Elena hace lo propio y de igual manera agradece y se nota evidentemente emocionada.

El festejado también expresa su gratitud a todos los presentes y confiesa sentirse muy feliz, como nunca antes en su vida.

Estando muy animado el festejo, hace su entrada al salón Rene, aquel niño quien en una ocasión acusó a Junior de robarle sus útiles. Éste llega en la compañía de sus padres, quienes felicitaron a Junior y tomando la palabra dan las gracias a Adolfo y a Elena y al mismo

Junior por lo que estos hicieron por su hijo. Los chicos se dieron un abrazo fraternal, el cual fue bastante aplaudido por los congregados en la fiesta.

Minutos luego de esto hace su entrada al salón de fiesta Esteban, el niño del perrito extraviado, el cual lleva un regalo para Junior al que se lo entrega junto a un abrazo.

Siguieron desfilando más invitados y en esta ocasión aparece en escena David en compañía de su abuela. Doña Aura, igual que como ya habían hecho otros invitados, toma la palabra y le dice a Junior: -te deseo mucha salud, felicidad y bienestar y que Dios te bendiga siempre mi niño.

Junior queriendo agradecer a todos sus invitados ese apoyo y manifestación de cariño dice querer interpretarles una canción que había estado ensayando semanas antes, acompañándole en la guitarra uno de los músicos que amenizaban la fiesta. Junior refiere que las letras son propias de Marcos, su entrañable amigo, que en estos momentos no pudo estar con ellos debido a estar en la capital acompañando a su abuelo don Serafín que se encontraba en estado delicado de salud.

La belleza de la canción, junto al arreglo musical y la melódica y afinada voz de Junior hicieron que algunas personas sintieran una profunda nostalgia y las lágrimas asomaron a los ojos de algunos invitados.

Luego de tantas emociones y ya la noche cubriendo la totalidad del firmamento y como si de un cierre con broche de oro se tratara, llega a las instalaciones del club la flamante directora del plantel escolar donde estudia Junior, la señora María de los Ángeles. Esta se acerca con una comitiva de maestros. Saluda al festejado y a sus padres. Pide decir algunas palabras en la que resalta los valores de Junior y acto seguido manda a buscar el obsequio que junto a los maestro trajeron para él. El presente consistía nada más y nada menos que en la anhelada Laptop que tanto había querido tener el agasajado y que por consideración no quiso que sus padres le compraran.

Junior al ser sorprendido de esta forma y ya haber vivido ese mismo día tantas emociones, quiso decir algo, tal vez algún agradecimiento, pero no encontró palabras con la cual comunicar tanta felicidad; solo enmudeció, se emocionó y no puedo aguantar las lágrimas. Todo el recinto quedo en silencio por unos segundos. La atmósfera era de una felicidad contenida. Los ojos de algunos de los presentes se humedecieron. Los músicos entonaron una suave melodía. Algunos invitados comenzaron tímidamente a aplaudir, a lo que se le fueron sumando otros y otros mas, hasta que todo el salón aplaudía. El júbilo se hizo general en la recepción, mientras Junior abrazado por Adolfo, Elena y la directora María de los Ángeles no deja de sollozar.

Los relatos de Junior
El Niño Caballeroso.
Santo Domingo, D.N.
República Dominicana.